AF319959

NUEL DES FORMALITÉS

ET DES FRAIS EXIGÉS

POUR

L'OBTENTION DU DIVORCE

PAR

P. M. M.

AVOCAT

PRIX : 2 FRANCS

1890

EN VENTE CHEZ LÉVY

57, Rue de Rambuteau, 57

PARIS

AVANT-PROPOS

Au frontispice de chaque législation se trouve inscrit ce principe fondamental : « Nul ne peut être considéré comme ignorant la Loi. » Ce n'est là qu'une fiction nécessaire pour répondre à l'objection que ne manqueraient pas de faire tous les plaideurs de l'ignorance des textes législatifs qui les condamnent ; car il est bien plus exact de dire que nul ne connaît toutes les Lois. Cependant, il est des matières spéciales et limitées sur lesquelles il est possible de faire la lumière et de donner des indications suffisamment précises pour permettre à tout le monde non-seulement de surveiller, mais aussi de diriger les litiges qui s'y rapportent.

Tel est le but de cette monographie sur le divorce. Sans doute les plaideurs seront toujours obligés de recourir à l'intermédiaire de l'huissier dont le ministère est obligatoire, ils devront même se faire assister d'un avoué et d'un avocat dont la présence bien que facultative, est fort utile tant à cause de leur habitude de la procédure si compliquée du divorce, que de leur autorité devant les tribunaux qui voient toujours de mauvais œil le plaideur défendre sa propre cause et plaider *pro domo suâ.*

Mais, qu'on le retienne bien, c'est un proverbe normand : les procès perdus sont ceux que l'on néglige. Malheureusement nos praticiens, quels que soient leur zèle et leur compétence, absorbés trop souvent par les nombreux dossiers qui encombrent leur cabinet, n'apportent pas tous les soins désirables à toutes les affaires de leurs clients. Ils écoutent d'une oreille distraite les explications de l'intéressé qui le plus souvent ne connaissant pas la note juste de l'affaire se lance dans des récits interminables sans utilité, attachant de l'importance à des détails insignifiants et laissant dans l'ombre au contraire des faits concluants dont l'omission entraîne la perte du procès.

Tout autre serait le rôle du plaideur, s'il était au courant de la législation, connaissant les causes du divorce, les fins de non recevoir et la direction à donner à son enquête. Il deviendrait l'auxiliaire de ses conseils et sachant le fort et le faible de son affaire, il appellerait leur attention sur le point délicat et dès lors plus de ces courses multiples chez l'homme d'affaire, plus de ces stations prolongées dans les antichambres. Après quelques courtes entrevues l'affaire se trouverait instruite. Les clients pourraient aussi surveiller par eux mêmes tous les détails de la procédure et de l'enquête et parer à la négligence toujours à craindre de leurs conseils. Ils connaîtraient en outre toutes les conséquences du divorce, tant au point de vue des biens des époux, que de la garde des enfants. Enfin, ils sauraient même avant d'introduire leur action, tous les faits et tous les actes qui peuvent entraîner le divorce, ceux au contraire qui y font obstacle. A tous ces points de vue ce livre est donc utile à ceux pour qui l'école de droit a été fermée et c'est pour eux que nous l'avons écrit.

MANUEL DES FORMALITÉS

ET DES FRAIS EXIGÉS

POUR

L'OBTENTION DU DIVORCE

I

De la séparation de corps.

Le Code civil de 1804 dans un but de tolérance religieuse, avait institué en même temps le divorce et la séparation de corps ; il n'avait pas voulu que ceux à qui les convictions religieuses ne permettaient pas d'admettre la rupture du lien matrimonial fussent néanmoins astreints à une vie commune devenue impossible ; il leur avait donc laissé le droit de demander le divorce ou tout en laissant subsister le mariage d'en annuler certains effets par la séparation de corps.

La restauration, en 1816, supprima le divorce pour ne conserver que la séparation de corps. Depuis cette époque, et à plusieurs reprises, des protestations se sont élevées contre l'indissolubilité du mariage qui pour être dans les traditions de l'Eglise catholique, n'en est pas moins contraire à la nature et à la loi humaine. Comment supposer que si la femme au lieu de la protection qui lui est due n'a trouvé dans le mariage que l'outrage et l'abandon, que si le mari au lieu de rencontrer l'obéissance à laquelle il avait droit a été en face de la révolte, que si enfin la fidélité a été désertée par l'un ou par l'autre ; ce couple si mal assorti doive rester rivé à la même chaîne. Le respect et l'affection qui donnaient au mariage sa dignité et sa force se sont éteints et ont été remplacés par le mépris et la haine ; dans cette situation, il ne suffisait pas de séparer la victime et le bourreau, on devait aller plus loin et ne pas la condamner à une viduité perpétuelle.

Cette lacune, la loi du 27 juillet 1884, due aux efforts de M. Naquet, l'a comblée en rétablissant le divorce conformément aux principes du Code civil et en maintenant la séparation de corps.

Toutefois le divorce comme la séparation ne peuvent résulter de la seule volonté des époux ; car il n'y a pas qu'eux qui soient intéressés dans la question, en dehors des enfants et des parents, il y a aussi la société gardienne des pactes sociaux et du plus important de tous, le mariage, qui pour cela a soumis à des conditions spéciales l'une et l'autre de ces situations.

La séparation de corps n'annule pas le mariage, elle ne paralyse pendant toute sa durée que certains de ses effets dont il importe de dire quelques mots.

Si ceux qui sont mariés veulent faire un court retour vers le jour heureux de leur mariage, ils se rappelleront peut-être que le maire leur a lu le chapitre du Code civil intitulé : des droits et devoirs respectifs des époux, au nombre desquels se trouve l'obligation pour la femme de co-habiter avec son mari, de le suivre partout et que ce dernier est tenu de recevoir sa femme au domicile conjugal. C'est justement ce double droit et ce double devoir dont le jugement de séparation de corps a pour objet principal de faire cesser les effets avec toutes les conséquences qui résultent de cette suppression.

Le droit accordé aux époux de vivre séparément suivant leur gré entraîne, en effet, d'autres mesures indispensables en ce qui concerne leurs enfants et leur patrimoine.

Tout d'abord le tribunal aura à déterminer à qui appartiendra la garde des enfants suivant les règles développées plus loin sur la même question à propos du divorce. Quant aux biens, la femme en reprend l'administration, la communauté se trouve dissoute pour faire place au régime de la séparation de biens.

A part ces modifications les époux sont soumis à tous les autres droits et devoirs du mariage dans toutes leur intégralité ; il nous paraît utile d'énumérer au moins les principaux pour que nos lecteurs puissent se décider en pleine connaissance de cause quand ils auront à choisir entre la séparation de corps et le divorce.

Comme par le passé, les époux se devront aide et assistance : d'où il suit que si le mari a dissipé sa propre fortune, la femme qu'il aura outragée sera tenue de lui fournir une pension alimentaire sans que le tribunal puisse se refuser à la lui accorder.

De même aussi la femme qui a repris la possession et l'administration de ses biens reste toujours sous la tutelle de son mari, n'ayant que le droit d'en appeler à la justice lorsque le refus d'autorisation lèse ses intérêts et ne peut être attribué qu'à la mauvaise volonté ou à l'obstination du premier.

Toujours encore est maintenu le devoir de fidélité dans les conditions d'inégalité que la Loi a édictées ; c'est-à-dire d'impossibilité pour la femme d'avoir des relations même passagères avec un amant, sous peine d'encourir une condamnation qui peut aller jusqu'à deux ans de prison ; pour le mari défense d'entretenir une concubine au domicile conjugal, sans risque d'encourir l'emprisonnement, car l'adultère de celui-ci n'est puni que d'une amende dont le maximum est de deux mille francs.

Jusqu'en ces derniers temps, les enfants nés depuis la séparation étaient protégés par la présomption légale que l'enfant né pendant le mariage a pour père le mari. Heureusement une loi rendue sous le second empire est venue faire cesser cette monstruosité et il est aujourd'hui permis au mari de désavouer l'enfant né trois cents jours après le moment où le président a autorisé la femme à avoir un domicile séparé ; mais s'il est prouvé par la mère qu'elle a eu un rapprochement avec son époux, c'est-à dire une entrevue sans témoins avec lui à une époque remontant à la conception, l'action en désaveu n'est plus admissible.

En ce qui concerne les biens si la communauté légale ou réduite aux acquêts sont dissoutes pour être remplacées par la séparation de biens ; la dotalité persiste et les immeubles de la femme restent frappés d'inaliénabilité.

Voilà la situation qui est faite aux époux par la séparation de corps ; ces indications bien qu'incomplètes sont suffisantes pour bien différencier les résultats du divorce et ceux de la séparation. L'un brise le mariage à tout jamais, il n'en reste plus rien, si ce n'est toutefois l'obligation alimentaire pour certains alliés ascendants et l'empêchement de mariages futurs entre les mêmes personnes ainsi que nous l'indiquerons par la suite ; l'autre au contraire le laisse subsister pour ne dispenser les époux que de la co-habitation commune.

C'est tout ce qu'il importe de dire sur la séparation de corps, les causes qui y donnent ouverture et la procédure à suivre étant presque identiques, sauf quelques modifications que nous ferons connaître, nous renvoyons donc au divorce sur tous ces points.

Causes du Divorce.

Les faits qui donnent ouverture à une action en divorce et dont la preuve en entraîne le prononcé sont au nombre de trois :

1° L'adultère de l'un des époux ;
2° Les excès, sévices ou injures graves ;
3° Condamnations à des peines afflictives et infamantes contre l'un des époux.

Le Code de 1804 comprenait une quatrième cause de divorce : le consentement mutuel ; mais il avait entouré cette espèce de telles formalités, de délais si longs, qu'à part le divorce de Napoléon I⁰ʳ prononcé de ce chef, il n'était venu à la pensée de personne de l'invoquer. C'est pour cela que la nouvelle loi, n'a pas maintenu ce motif qui était impraticable.

Une observation préliminaire doit être faite qui s'applique aux trois cas mentionnés ci-dessus, c'est que pour être admissibles et concluants les faits qui s'y rapportent doivent être postérieurs à la célébration du mariage, qu'ils sont sans l'influence décisive, alors même qu'ils auraient été ignorés de l'époux contractant. Celui-ci, toutefois, ne sera pas toujours désarmé, mais toute autre est la voie qu'il devra suivre; il procédera suivant les circonstances par demande en nullité de mariage. C'est ainsi qu'il est de jurisprudence que le conjoint qui aurait épousé un forçat libéré ou en rupture de ban ignorant son passé serait en droit de faire prononcer cette nullité pour erreur sur la pesonne par application de l'art. 181 du Code Civil. Même solution si l'un des époux avait été précédemment engagé par des vœux perpétuels dans des ordres religieux. Enfin les tribunaux n'hésiteraient pas à déclarer nul le consentement au mariage avec une prostituée habituelle et attitrée ou avec un souteneur avéré qui aurait pris les allures honnêtes pour tromper son co-contractant qui certainement n'eût accepté pareil conjoint s'il ne l'avait pas trompé sur son passé.

Mais ce sujet ne cadre pas avec ce livre et ce qui précède suffit pour édifier le lecteur au point de vue où nous nous sommes placés.

Le cas le plus fréquent de divorce est certainement l'adultère.

A cet égard, il faut soigneusement distinguer entre le mari et la femme.

Pour la femme, il y a l'adultère toutes les fois qu'elle aura eu une entrevue coupable, même si elle n'y a pas liaison habituelle et si les rapports n'ont été que passagers et accidentels. Il est bien évident que pour avoir été délictueux il faut que ces rapports soient volontaires. Le viol, en effet, est un malheur dont la femme est la première victime et il ne peut entraîner contre elle d'autre conséquence.

Pour le mari autrefois, l'adultère n'était punissable et ne donnait ouverture au divorce que s'il réunissait la double condition d'entretien de la concubine au domicile commun. La loi de 1884 a modifié notre droit sur ce point en supprimant la seconde condition. Aujourd'hui le mari est en état d'adultère lorsqu'il entretient des relations intimes et coupables avec ume femme même en dehors du domicile conjugal ; en un mot lorsqu'il a une concubine. Tout rapprochement coupable où qu'il se produise en principe ne constitue pas un grief contre le mari s'il n'y a pas habitude.

Bien des protestations se sont élevées contre cette inégalité, surtout du côté féminin. Elle s'explique cependant et est parfaitement légitime. La femme, d'une part, à raison de son sexe et de l'état de nos mœurs est tenue à plus de réserve, d'autre part sa faute peut introduire dans le ménage des enfants imposés au mari par la loi et étrangers par le sang. Cependant si le mari faisait étalage de ses relations anti-conjugales, s'il s'affichait publiquement avec une femme ou une fille perdues, s'il fréquentait les mauvais lieux ; l'épouse outragée pourrait en tirer parti et soutenir à bon droit qu'il y a là un fait injurieux à son adresse.

Après avoir fixé les caractères de l'adultère légal, le seul qui entraîne le divorce et la condamnation correctionnelle il faut faire connaître les voies et moyens de le faire constater et de le prouver.

En cette matière la loi s'écarte absolument des règles ordinaires pour les droits de poursuite, de répression et pour la preuve. Ordinairemént le procureur de la République a qualité sans y être provoqué pour mettre en mouvement l'action publique et faire punir toute personne coupable d'un délit ; devant le tribunal un fois saisi, la partie lésée même si elle est partie civile ne peut arrêter l'effet de la poursuite par son désistement. Il en est tout autrement pour l'adultère ; d'abord le parquet ne peut jamais prendre l'initiative, il doit y être provoqué par la réquisition du plaignant et en outre à l'audience, en tout état de cause, même en appel, le retrait de la plainte met fin à l'instance. Ce qui revient à dire que le conjoint victime de l'adultère a seul le droit de poursuivre et de pardonner le coupable tant qu'une condamnation n'est pas intervenue.

En ce qui concerne la preuve, les modifications au droit commun sont encore bien plus grandes. Les infractions pénales s'établissent par l'aveu verbal ou écrit, les témoignages et les procès-verbaux des officiers publics constatant le flagrant-délit. Tout le monde sait que devant nos tribunaux criminels l'aveu spontané est assez rare, il n'intervient généralement qu'après d'autres preuves non équivoques de culpabilité, pour apitoyer les juges qui seraient révoltés par le cynisme de dénégations impudentes; et il n'est pas téméraire de penser que supprimer l'enquête, ce serait assurer l'impunité aux scélérats de la pire espèce.

Eh bien, l'adultère pour être établi n'admet pas le témoignage, il ne peut résulter que de l'aveu du coupable ou du constât du flagrant délit; ces prescriptions si sages n'ont pas eu pour but de protéger les défaillances, ni d'encourager l'infidélité; mais d'empêcher les scandales retentissants et les chantages éhontés, surtout de fermer la porte aux faux témoignages qu'un époux riche en quête de divorce ou de vengeance pourrait toujours se procurer à prix d'argent. Les anciens jurisconsultes disaient : « *qui mieux abreuve, mieux preuve* », et ils suspectaient tellement la parole de l'homme qu'en matière civile, sauf exception, on ne peut au-dessus de 150 francs établir sa demande que par écrit. Il eut été vraiment étrange que dans notre cas, où la haine, la passion et l'intérêt jouent un si grand rôle, où l'honneur de toute une famille est en jeu il fut loisible d'amener à la barre correctionnelle des témoins fournis par des agences véreuses et payés à prix d'or, de faire condamner son conjoint et, après s'être forgé cette arme en user pour demander le divorce.

L'aveu peut être verbal ou écrit. Quand il est verbal, pour être valable et efficace, il faut qu'il se produise soit devant le tribunal, soit à l'instruction, soit enfin devant le magistrat chargé deconstater le flagrant-délit. En dehors de ce cas il est nul et non avenu. Il est évident que le récit d'aventures galantes fait à des tiers et rapporté aux juges ne saurait être admis, ce serait ouvrir la porte des tribunaux aux témoins, porte que le tribunal a voulu leur fermer.

Quand il est écrit, il est généralement probant; le plus souvent on le trouvera dans les lettres écrites au complice de l'adultère qui a conservé réunies en paquet les missives de l'être aimé jusqu'au jour où un domestique infidèle, grassement payé s'en empare et les remet à l'époux outragé. Sans doute l'adultère, sauf de rares exceptions, n'est pas reconnu dans des termes crus et obscènes, mais il résulte des expressions employées qui, pour être poétiques n'en sont pas moins concluantes. En tous cas les juges ont sur ce point un pouvoir d'appréciation souverain, ils pourraient même rejeter l'aveu verbal ou écrit comme improbant, s'il n'avait été fait que pour permettre l'obtention du divorce et s'il n'était que le résultat d'un concert frauduleux entre les époux désireux de rompre le mariage.

L'adultère est prouvé en second lieu par la constatation du flagrant-délit, ce qui n'est pas toujours facile, les amoureux s'entourant habituellement de grandes précautions. Quoiqu'il en soit, celui des époux qui aura connaissance de l'adultère de l'autre devra se présenter au procureur de la République, le requérir d'avoir à le faire constater; un commissaire de police est commis à cet effet qui peut opérer à toute heure du jour et de la nuit. Les juges de paix, les juges d'instruction, les maires, adjoints et commissaires de police ont seuls qualité pour faire ce constat; ils peuvent agir directement ou sur les ordres du parquet requis par la partie lésée. Cependant il est toujours utile de s'adresser au procureur de la République pour éviter des fins de non recevoir de ses subalternes.

Tels sont les officiers publics compétents pour constater le flagrant-délit; mais en quoi consiste-t-il?

La question est délicate, non pas à résoudre; mais à définir. Les anciens jurisconsultes voulaient que les coupables fussent surpris *nudus cum nuda*. Cet etat de nudité comportait la chemise mais non le haut-de-chausse. Nous estimons que sans s'arrêter à une détermination qui varie suivant les cas, suivant les précautions prises, et le temps mis à enfoncer les portes, il vaut mieux donner quelques exemples qui permettent d'en comprendre les conditions essentielles.

1° Le commissaire de police frappe à la porte d'une chambre unique fermée à clef ou au verrou, on lui ouvre immédiatement et il trouve la femme en compagnie d'un homme, sans qu'il soit possible de remarquer aucun désordre dans la toilette. Il n'y a pas de flagrant-délit dans cette espèce.

2° Deux chambres communiquent, l'homme est dans l'une, la femme dans l'autre sans indication desquelles il résulterait qu'ils ont séjourné dans le même lit, surtout si la porte fermée a été ouverte à première réquisition; il est certain qu'il n'y a pas encore flagrant-délit.

3° Sur l'ordre du magistrat on met un certain retard à lui donner accès dans la pièce où se trouvent les délinquants; à son entrée il constate qu'ils ne sont pas entièrement vêtus, ou que leur tenue témoigne par son désordre de la hâte mise à s'habiller. L'inspection du lit révèle à son tour que deux corps viennent de s'y ébattre récemment. Dans ce cas ce serait une toute autre solution.

4° Souvent encore on trouvera l'un des complices caché dans un placard, sur le balcon ou ailleurs, alors que l'autre fait face à l'orage pour donner le change; le flagrant-délit existerait surtout si l'un d'eux n'était pas complètement vêtu.

Il est inutile de multiplier à l'infini les exemples, ceux que nous venons de donner suffisent pour édifier nos lecteurs. En résumé, nous dirons que des constatations de fait du magistrat doit résulter la preuve indéniable de rapports charnels entre l'époux et son complice, sans qu'il lui soit permis de compléter ses investigations par des témoignages quels que soient leur valeur et leur nombre.

L'adultère une fois établi sur ces bases, le plaignant a deux voies à suivre. Il a le droit de poursuivre les coupables devant le tribunal correctionnel où ils seront frappés d'un emprisonnement maximum de deux ans que les juges peuvent réduire en admettant les circonstances atténuantes, à une amende de 16 francs. Nous avons déjà dit que l'adultère du mari ne donne lieu seulement au paiement d'une somme variant de 16 francs à 2,000. Si la victime n'est pas assoiffée de vengeance et si son unique désir est de se séparer ou de divorcer, elle laissera l'action pénale de côté et demandera au Civil la rupture du lien matrimonial et dans l'un comme dans l'autre cas il y sera fait droit après les préliminaires de concilation de *plano* et sans enquête.

La deuxième catégorie de faits qui motivent le divorce comprend ; les excès, sévices ou injures graves.

Leur importance et leur gravité varient suivant la situation sociale, l'éducation respective des époux et la publicité qui les a entourés. Les juges tiennent compte à juste titre de ces considérations et suivant la qualité des parties ils donnent des solutions différentes pour des faits identiques. C'est ainsi qu'ils refusent le divorce à un plaideur de basse condition pour une injure ou une voie de fait bien suffisantes dans une classe plus élevée. Un soufflet même vigoureusement appliqué est négligeable dans un certain monde, et une simple chiquenaude, ou un simulacre de voie de fait sont très graves dans un autre. La jurisprudence prend pour base de ses appréciations l'effet produit sur la personne qui en a été victime, elle se demande quelle atteinte a été portée à son honneur et à sa dignité; sans oublier que les paroles n'ont d'autres sens que celui qu'on leur attache. Elle tient compte aussi des raisons légitimes qui ont pu exciter l'époux coupable du sévice ou de l'injure. Il serait vraiment étrange que l'un des conjoints vienne tirer argument d'une épithète ou d'un geste même accentué, provoqués par son inconduite et son attitude.

Si le sévice est toujours direct et consiste en une voie de fait plus ou moins grave à l'encontre du conjoint demandeur, l'injure prend les formes les plus diverses. Tantôt elle le vise personnellement, tantôt elle s'adresse au contraire à des parents très rapprochés; elle peut résulter d'une parole, d'un écrit ou d'un fait, de là la classification en injures verbales, écrites et en faits injurieux.

Peu de chose à dire sur l'injure verbale, pour être opérante elle doit avoir été proférée sinon devant des tiers du moins en présence de domestiques et de parents; si elle s'était produite à huis clos elle serait sans grande importance et du reste impossible à prouver.

L'injure écrite est consignée dans des mémoires, pièces de procédure ou autres, dans des lettres adressées à des tierces personnes; parents ou amis de l'époux outragé. On a même regardé comme une injure imputable au mari, de faire annoncer publiquement qu'il ne paiera pas les dettes de sa femme, si rien dans la conduite de cette dernière n'a motivé cette mesure.

Les faits injurieux sont très nombreux. Nous énumérons quelques espèces qui ont fait l'objet de décisions judiciaires, mais cette énumération n'est pas limitative.

Le refus par la femme de réintégrer le domicile conjugal, ou par le mari de l'y recevoir, l'abandon par celui-ci de ce domicile, l'expulsion du lit commun quand elle se produit ouvertement et dans de mauvais termes ont un caractère de gravité suffisant.

Les habitudes d'ivrognerie, les condamnations pour outrage public à la pudeur, les poursuites en adultère, les actions en désaveu de paternité de mauvaise foi, sont aussi des faits injurieux. Enfin dans ce même ordre d'idée on a regardé comme outrageantes les familiarités impudiques avec des tiers et les insultes proférées par les domestiques non seulement provoquées, mais même tolérées par l'autre époux.

Enfin, ainsi que nous l'avons déjà remarqué, est injurieux le fait de s'afficher avec des filles perdues, de fréquenter les mauvais lieux.

Troisièmement, le divorce peut être prononcé à la suite de la condamnation des époux à des peines afflictives et infamantes.

Sous notre législation et jusqu'en 1851, ces peines, lorsqu'elles étaient perpétuelles, emportaient la mort civile de celui qui en était frappé ; du jour où l'arrêt devenait définitif le condamné, pour la loi était considéré comme mort; par conséquent, son mariage était dissous, sa femme devenue veuve, pouvait se remarier dans les dix mois, sa succession ouverte et son patrimoine partagé définitivement; la fiction était poussée si loin que si l'épouse continuait à vivre avec le condamné, les enfants nés de ce commerce étaient déclarés bâtards,

De tels résultats ne sont ni de notre époque, ni de notre civilisation, ils ont disparu à la suite de la loi de 1851 qui a aboli la mort civile.

Les peines afflictives et infamantes sont :

1° La mort ;
2° Les travaux forcés à perpétuité ;
3° Les travaux forcés à temps ;
4° La réclusion ;
5° La déportation ;
6° La détention.

Ces deux dernières peines sont applicables aux crimes politiques, les autres à ceux de droit commun.

On comprend sans peine les motifs qui ont fait admettre le divorce dans ce cas. Désormais s'élève entre les époux une barrière infranchissable, le bagne et la honte, la vie commune est devenue impossible, matériellement et moralement. Si l'un d'eux malgré les arrêts des hommes croit à l'innocence de l'autre, il pourra lui conserver sa foi et son amour, et le malheureux frappé par la justice aura du moins alors la consolation de savoir qu'il est un être qui compâtit à sa souffrance, lui pardonne et l'absout. Il s'était, lors du vote de la loi de 1884 à la Chambre des députés et au Sénat, formé un parti nombreux qui eût voulu soustraire les condamnés politiques aux conséquences de leurs condamnations en ce qui concerne le divorce; parce que les causes qui les occasionnent ne sont pas infamantes et qu'elles s'expliquent par des entraînements et des excitations qui n'ont rien de déshonorant, parcequ'aussi le flétri de la veille devient quelquefois le triomphateur du lendemain. Nos fluctuations politiques de ce siècle nous ont permis de voir souvent ce spectacle étrange qui peut-être n'est pas près de finir. Cette opinion n'a pas prévalu et les efforts de ses partisans n'a eu pour résultat que de faire exclure des causes du divorce le bannissement et la dégradation civique lesquels ne sont qu'infamants.

Mais, toutes les peines ci-dessus, quelque soit le motif qui les ait dictées, quel que soit le tribunal qui les ait prononcées,

Cour d'assises ou Conseil de guerre, entraînent le divorce du jour où elles sont définitives. Elles le deviennent pour les arrêts contradictoires à l'expiration du délai de pourvoi en cassation, ou après le rejet de ce pourvoi s'il a été formé, pour la décision rendue en l'absence de l'accusé, lorsque ce dernier a purgé sa contumace ou à l'expiration d'un délai de vingt ans. Les arrêts par défaut ne sont en effet, en quelque sorte que provisoires, car s'il est repris ou s'il se représente dans une période de vingt ans, l'accusé est traduit devant le jury qui statue sur son sort sans avoir à se préoccuper de la condamnation antérieure. Après l'expiration du délai de vingt ans, l'arrêt par coutumace est devenu définitif en ce sens que si le condamné n'est plus astreint à subir sa peine corporelle, il reste frappé de toutes les déchéances accessoires qui sont la conséquence de la première et notamment de l'admissibilité du divorce contre lui.

Nous devons dire aussi que la grâce même plénière laisse subsister l'indignité du bénéficiaire et que pour l'effacer dans le passé comme dans l'avenir il faut une amnistie pleine et entière; la première est un acte du chef de l'Etat, la seconde exige une loi.

On s'est demandé si l'absence de l'un des époux, même prolongée donne ouverture à l'action qui nous occupe. Nous ne le pensons pas, car ou elle est volontaire et alors elle constitue un fait injurieux, ou elle ne l'est pas et dans ce cas elle n'est pas un grief. L'absence dont nous parlons est l'état d'une personne, dont l'existence est problématique et dont ni la vie ni la mort ne peuvent être prouvées.

III

Des fins de non-recevoir

Quelquefois les causes du divorce existent ; mais elles se trouvent paralysées ou plutôt annulées par des fins de non-recevoir, résultant du pardon ou de la réconciliation, expresses ou tacites.

Peu de chose à dire sur la réconciliation expresse, il faut et il suffit que les griefs soient connus et relatés au moins implicitement dans l'acte s'il est écrit ou dans les déclarations orales rapportées par les témoins s'il est verbal. Elle n'est sonmise à aucune forme solennelle, et le plus souvent elle résulte de lettres écrites par les époux et lues à l'audience

Généralement la réconciliation est tacite, elle suppose la connaissance des faits reprochés au conjoint defendeur.

A ce point de vue serait déclarée irrecevable, l'action de celui qui après l'adultère de son conjoint, après avoir subi ses injures et ses coups, enfin après la condamnation de ce dernier aurait continué à vivre avec lui ou seulement de son plein gré accompli le devoir conjugal. Le silence même gardé pendant un certain temps par l'épouse outragée est considéré comme un pardon, cette hypothèse ne se présente que dans le cas où par suite d'une convention et d'une tolérance réciproque, les conjoints vivent séparément.

Par exception, l'époux condamné à une peine afflictive et infamante ne peut invoquer le retard mis à intenter le procès à moins, depuis l'expiration de sa peine, de rapprochement prouvé.

Dans cette matière, les tribunaux ont également un grand pouvoir d'appréciation et se décident à admettre la fin de non-recevoir suivant les circonstances de fait, de temps et de lieu variables à l'infini.

Pour être admissible la fin de non-recevoir doit être proposée au commencement de l'instance avant tout débat sur le fond même du procès, celui qui laisserait le tribunal ordonner l'enquête serait forclos et ne pourrait plus en tirer partie, à moins cependant que les faits qui lui ont donné naissance ne se produiseut au cours du procès.

En thèse générale, il n'y pas d'autres fins de non-recevoir opposables à la demande de divorce ou de séparation de corps.

Nulle et sans effet serait donc la convention aux termes de laquelle les époux renonçant à la viecommune, se seraient donné le droit de vivre en toute liberté et d'avoir tel amant ou telle maîtresse qu'il leur plairait. Un pareil compromis illicite et immoral n'est pas reconnu par la loi pour laquelle il n'existe pas. Il ne peut appartenir à chacun de trafiquer de la puissance maritale et des devoirs conjugaux : l'efficacité de pareils marchés eut annulé les prescriptions sur le mariage et mis à la discrétion du plus fort et du plus riche, le plus faible et le plus pauvre qui terrorisé ou acheté aurait dispensé son co-contractant de ses devoirs au préjudice de ses droits et de ceux de la société. Aussi ces compromissions honteuses ne peuvent être présentées aux tribunaux que pour y être annulées et flétries.

La réciprocité des torts n'est pas non plus en principe, une fin de non-recevoir, bien que dans la pratique elle pèse d'un grand poids dans la balance de la justice ; la faute de l'un ayant pour résultat d'atténuer celle de l'autre.

Dès lors, si l'époux adultère ne peut valablement poursuivre correctionnellement son conjoint coupable du même délit, le juge civil saisi d'une demande de divorce ne doit pas nécessairement la rejeter, sauf à tenir tel compte que de droit de ce précédent. De même, l'injure appelant la riposte, une voie de fait en amenant une autre, les tribunaux décideront suivant les circonstances ; mais il est impossible d'ériger en principe que lorsqu'il y a eu échange de coups et d'insultes, la demande doit être forcément repoussée. Ce serait très souvent forcer de vivre à l'état de guerre permanente des gens bien accouplés pour le pugilat et mal assortis pour l'hyménée.

Enfin, mal venu serait le conjoint condamné lui-même qui viendrait faire grief à son conjoint de son indignité pour une peine analogue ; le cas ne s'est pas produit ; mais il est probable que le juge renverrait le couple uni par la honte et l'infamie, vivre de la même vie et se consoler mutuellement des injustices du sort.

Quoiqu'il en soit et pour nous résumer, il n'y a qu'une seule fin de non-recevoir au divorce, le pardon ou la réconciliation dont la preuve paralyse immédiatement l'effet de la demande ; les autres faits indiqués ne sont que des moyens de défense. Nous observons en terminant sur ce point que dans aucun cas, la réconciliation ne met obstacle à une autre demande si depuis il est né d'autres griefs.

IV

Mesures préliminaires et provisoires.

Le divorce lorsqu'il est prononcé produit ses effets du jour de la demande, mais entre l'assignation introductive d'instance et le jugement définitif, s'écoule la période d'instruction du procès fort longue quelquefois de plusieurs années, pendant lesquelles il était impossible de maintenir dans toute son intégralité la situation matrimoniale et notamment le droit et le devoir de co-habitation. La guerre a été déclarée, les hostilités ont commencé et de toute nécessité la Loi ne devait pas laisser les belligérants face à face. Il fallait donner au juge le droit de séparer provisoirement les plaideurs et de prescrire les mesures qui sont la conséquence de cette séparation lesquelles ont pour objet : 1° la personne des époux ; 2° la garde des enfants ; 3° la provision à donner pour faire face aux frais du procès et à l'entretien des parties en cause.

Ces mesures peuvent être provoquées tant au début qu'au cours du procès. Sous le régime des lois de 1804 et 1884 elles étaient de la compétence du tribunal civil ; la loi des 18 et 20 avril 1886 est venue modifier cet état de chose et donner au juge conciliateur des droits très étendus, sous la réserve que ses décisions, dont on peut toujours appeler, seraient modifiées ou complétées par le tribunal au cours du procès, s'il y échet.

Tout le monde comprend qu'il est non-seulement désagréable, mais aussi quelquefois dangereux pour le demandeur de se trouver présent au moment où l'huissier vient signifier à un époux irascible le premier acte du divorce ; sans doute il pourra prendre la clef des champs et se soustraire à la corvée. Ce serait commode et expéditif, si l'absence n'était pas illégale et si le mari n'avait pas toujours le droit de contraindre sa femme à réintégrer le domicile conjugal et celle ci de l'obliger à l'y recevoir. La nouvelle Loi permet de demander au président, dès la première comparution devant lui avant même la citation en conciliation qui amène une seconde fois les parties devant lui, qu'il soit désigné à la femme un domicile où elle résidera pendant toute la durée du procès. Pour cette fixation le juge tiendra compte des circonstances ; au besoin il décidera que le mari devra quitter le domicile conjugal où résidera la femme qui y gère un commerce spécial exigeant sa présence ; dans ce cas le mari devra habiter ailleurs où il lui plaira.

La femme est tenue de rester dans la maison qui lui a été indiquée et à toute réquisition du mari ou des juges d'en justifier sous peine de se voir privée de la provision alimentaire et si elle est demanderesse déchue de son action.

Il peut y avoir péril à laisser à la garde du père les enfants communs, à cause de son inconduite, de sa négligence et de sa brutalité qui n'ont plus de contre-poids. D'un autre côté, il eut été cruel de priver la mère, déjà atteinte et frappée dans ses affections conjugales, de la présence de ceux qui seuls peuvent adoucir sa douleur. Il nous est impossible de tracer une règle absolue ; car le juge se décidera suivant les cas en s'inspirant surtout de l'intérêt des enfants et du degré de culpabilité des parents.

Il ne suffisait pas de donner aux époux une liberté relative, il fallait encore pourvoir à leurs besoins et aux frais du procès ; en outre pour l'avenir sauvegarder les droits de la femme contre les agissements déloyaux du chef de la communauté. C'est le président en conciliation après avoir entendu les parties qui détermine la quotité de la provision. C'est la Loi qui édicte les mesures de nature à mettre les biens de la femme à l'abri des entreprises du mari.

En ce qui concerne la provision elle varie suivant la fortune de celui qui la fournit et des charges de celui qui la reçoit ; ce dernier n'y aurait même aucun droit s'il avait des ressources suffisantes et le bénéficiaire en est déchu, s'il laisse écouler un délai de plus de vingt jours sans exercer le droit de citation qui lui a été accordé.

Quant aux mesures de sauvegarde elles se trouvent contenues dans les articles 270 et 271 du Code civil. Ils permettent à la femme de requérir en tout état de cause, à partir de la première ordonnance du président, l'apposition des scellés sur tous les effets mobiliers de la communauté ; le mari fait ensuite procéder à un inventaire et en reste détenteur à titre de séquestre judiciaire, de tout l'actif de cette communauté, dont il ne peut détourner un seul objet sans s'exposer à des peines correctionnelles conformément à l'art. 403 du Code pénal.

Le second article donne le droit de demander la nullité de toute obligation contractée à la charge de la communauté et de toute aliénation d'immeubles appartenant à cette même communauté, s'ils ont été faits en fraudes des droits de la femme.

V

De la procédure du divorce.

Le droit de demander le divorce est essentiellement personnel, il n'appartient donc ni aux parents ni aux enfants. L'offensé seul a qualité pour décider si la vie commune est tolérable ou s'il ne peut pardonner. En un mot, aux yeux de la loi, c'est un procès de cœur et de sentiment où l'argent et l'intérêt n'ont aucune place.

C'est pour cela que la femme mineure émancipée par le mariage et inhabile en cette qualité à intenter toutes autres actions, n'a besoin dans l'espèce d'aucune assistance ni d'aucune autorisation que de celle du président.

Ce droit est tellement inhérent à la personne que le tuteur d'un interdit ne peut valablement l'y représenter sans se faire assister par lui. Il en est de même de l'aliéné non interdit, mais placé dans une maison ad hoc, qui devra être présent à l'audience assisté d'un mandataire spécial, désigné à cet effet. Il est évident que pour ces deux catégories de personnes, ce procès ne sera possible que si elles ont des intervalles lucides, la justice ne pouvant admettre à sa barre des individus en état complet de démence.

Quant au prodigue pourvu d'un conseil judiciaire, nous ne pensons pas que la présence de ce dernier soit nécessaire, mais il fera bien de l'y appeler pour éviter toute difficulté et toute fin de non-recevoir

A l'inverse, les héritiers ou autres ayants-droit n'ont aucune qualité, non seulement pour intenter ; mais même pour continuer l'instance si le demandeur était mort dans l'intervalle, avant de faire enregistrer le jugement définitif par l'officier de l'Etat-civil, chacun des époux garde alors à sa charge les frais réciproques faits à sa requête.

Toutefois, l'intervention de ces personnes et des créanciers est admise, après le prononcé du divorce pour la liquidation pécuniaire de la société matrimoniale ayant existé entre les époux.

La demande doit être portée au tribunal du domicile du mari ; il n'y a d'exception à cette règle que lorsqu'il n'a pas en France de domicile connu ; dans ce cas le tribunal compétent est celui du lieu où réside la femme. Mais une fois saisi, ce tribunal reste toujours compétent quels que soient les changements survenus depuis.

Nous examinerons successivement :

1° L'introduction de l'instance ;
2° Jugement ordonnant l'enquête ;
3° L'enquête ;
4° Jugement définitif ;
5° L'inscription sur les registres de l'Etat-civil.

Lors du rétablissement du divorce, l'attention des auteurs de la loi fut bien portée sur la procédure, mais la révision en fut renvoyée à plus tard, pour ne pas faire attendre plus longtemps la promulgation impatiemment attendue de la loi Naquet. Il avait été allégué alors. que cette procédure était coûteuse, compliqué et qu'elle prenait trop de temps aux tribunaux ; on passa outre néanmoins.

Probablement, la réforme de cette procédure se fut fait attendre pendant plusieurs législatures ; si les tribunaux n'eussent été encombrés et dans l'impossibilité de suffire à la besogne. Il fallait en effet quatre fois l'intervention du tribunal tout entier : 1° Pour admettre la demande et permettre de citer ; 2° Pour se prononcer sur la pertinence des faits articulés et ordonner l'enquête ; 3° Cette enquête avait lieu devant lui ; 4° Enfin pour la décision définitive. Nous passons sous silence les demandes accessoires de provision, de garde des enfants, etc., toutes susceptibles d'appel et l'on voit ce qu'il fallait de patience, de temps et d'argent au plaideur en divorce, surtout s'il avait comme adversaire une personne au courant de la procédure dilatoire. A un autre point de vue l'ancienne procédure présentait une lacune considérable, le jugement et l'arrêt rendus en cette matière n'étaient pas susceptibles d'opposition, il en résultait qu'un des conjoints se trouvait divorcé, sans avoir eu connaissance de la demande et avoir été appelé à se défendre. La loi nouvelle a fait disparaître dans la mesure du possible ces divers inconvénients.

Nous devons au début, faire une remarque générale, c'est que pour le divorce, le législateur s'écarte des règles ordinaires, que les prescriptions qui s'y rapportent ne sont pas contenues dans le Code de procédure civile ; mais bien dans le Code civil lui-même et qu'un principe y domine, à savoir présence du demandeur dans les premières phasesdu procès, sous peine de déchéance ; par voie de conséquence le ministère de l'avoué n'est pas obligatoire, il n'est que facultatif. Faut-il néanmoins y recourir ? Grave question. Nous sommes en principe pour la simplification de la procédure et cependant nous conseillons d'en constituer un, les formalités sont telles, les délais à observer sont si nombreux et entraînent de telles déchéances que leur présence et leur concours peu onéreux du reste, est très utile.

Cela dit, toute personne qui voudra divorcer, au préalable, adressera au président du tribunal civil ou au juge commis à cet effet un requête ; elle contiendra l'énoncé de la demande et l'exposé sommaire des faits qui la motivent sans forclusion pour ceux qui n'y seraient pas contenus. La requête devra être présentée en personne et signée par elle, à moins d'impossibilité ou d'ignorance, ce dont il sera fait mention. La loi n'exige pas que cette pièce soit rédigée et écrite par la partie, elle peut donc recourir pour cela aux bons offices de son conseil ou d'un ami. Si l'impétrant est malade ; il fait certifier son état par deux médecins et le président ou son délégué se transporte à domicile. Dans cette entrevue obligatoire où le demandeur comparaît seul, le magistrat lui fait toutes les observations qu'il croit utiles et s'il persiste dans sa résolution, il dresse procès-verbal de ce qui a été dit et rend une ordonnance où il fixe le jour de la comparution devant lui, détermine le domicile provisoire de la femme et commet un huissier pour citer le défenseur.

La citation doit être donnée trois jours avant la date fixée pour la tentative de conciliation, elle doit porter en tête la copie de la requête et de l'ordonnance du président ; quand les plaideurs sont en présence, le magistrat leur expose les raisons qui peuvent amener entr'eux un rapprochement, si ses efforts restent stériles, il peut les ajourner sans dépasser toutefois le délai de vingt jours.

Si le défendeur ne se présente pas, il est passé outre, sauf pour le magistrat le droit d'ordonner une nouvelle assignation dans le même délai que ci-dessus. Une autre ordonnance est rendue qui autorise d'assigner devant le tribunal et fixe la provision alimentaire et la garde des enfants. Cette décision n'est jamais susceptible d'opposition ; mais les intéressés peuvent demander en appel, la modification des prescriptions relatives à la garde des enfants et à la provision.

Suivant les circonstances et en cas de maladie de l'un des conjoints, le président peut autoriser la comparution devant tel juge et en tel lieu qu'il estime. Comme la première fois, la présence du demandeur est indispensable, son absence équivaut à un véritable désistement.

Dans les vingt jours qui suivent le permis de citer, le demandeur doit user de la faculté qui lui est accordée, faute par lui de procéder dans ce délai, il n'est pas déchu de sa demande ; mais il ne pourra plus réclamer la pension alimentaire qui lui a été allouée dans l'ordonnance; la loi a voulu par ce moyen lui éviter la tentative de prolonger à son profit le bénéfice de cette rente.

L'assignation devant le tribunal est signifiée par un huissier commis et doit comprendre la notification de l'ordonnance, elle doit être remise sous pli cacheté.

Devant le tribunal, la présence du demandeur n'est plus de rigueur.

Il peut, comme en matière ordinaire, comparaître par avoué. Autrefois le huis clos était de règle, il n'est plus aujourd'hui que facultatif, c'est aux juges qu'il appartient d'en décider; cependant la loi nouvelle fait défense de donner dans les journaux le compte-rendu des procès de divorce sous peine de 2,000 francs d'amende.

Si les deux parties sont présentées à l'audience par elles ou leurs conseils, l'instruction de l'affaire commence immédiatement, si le défendeur fait défaut et que dans ce dernier cas la citation ne l'ait pas touché, c'est-à-dire n'ait pas été signifiée parlant à sa personne, le tribunal peut avant d'aller plus loin, ordonner qu'une insertion sera faite dans les journaux désignés pour recevoir les annonces légales, afin de faire connaître la demande. Cette insertion n'est pas obligatoire, elle ne doit être prescrite que dans le cas où les juges auraient la persuasion que le défaillant ignore l'instance; très rarement dans les petites villes où les commérages constituent une publicité bien suffisante. Dans les villes populeuses elle sera très utile, mettra en garde l'époux défendeur, évitera les surprises toujours à craindre de l'autre conjoint, prompt à profiter du moment favorable pour obtenir sans contradicteur une séparation ardemment désirée.

Les débats sont ensuite repris en la forme ordinaire et continués sans autre interruption. Notons, cependant, que si un des faits allégués ou révélés par les témoins, constitue un crime ou un délit, l'examen de l'affaire peut être suspendu à la requête du Procureur de la République jusqu'à la décision du tribunal criminel saisi par lui, sans que du reste l'acquittement du prévenu puisse avoir la valeur d'une fin de non-recevoir sur l'action civile. Toutes les affaires de divorce doivent être communiquées au ministère public, auquel la loi fait un devoir de les surveiller d'une façon spéciale, il y est en quelque sorte partie, y représentant la société.

C'est en ce moment que les plaideurs devront demander au tribunaux l'examen des mesures provisoires déjà ordonnées par le président et dont ils réclament les modifications, ou leur prescription, s'ils avaient omis d'en parler devant ce magistrat.

Le demandeur articule ensuite ses griefs et les détaille dans un acte qui est signifié à l'adversaire et auquel celui-ci répond, s'il le juge convenable par des conclusions ou par un énoncé de ses propres griefs, soit pour se défendre, soit pour réclamer reconventionnellement le divorce à son tour, comme la loi lui en donne le droit. L'articulation des faits dont nous venons de parler doit énumérer toutes les imputations dont on prétend exciper ; car toutes celles qui n'y seraient pas contenues ne pourraient être plus tard établies par l'enquête qui ne doit porter que sur celles qui ont été énoncées.

Nous venons de dire ci-dessus que le défendeur avait le droit de demander reconventionnellement le divorce. Il n'est assujetti pour cela, ni à formuler une première requête, ni à aller en conciliation, ni même à une assignation, il la forme quand il lui plaît en tout état de cause, même en appel ; il est bien évident qu'à ce moment du procès, la conciliation est bien inutile et que mis en demeure de se défendre, rien ne peut empêcher le conjoint d'attaquer à son tour.

Dès que les parties ont fait connaître les causes qui motivent leur demande, le tribunal procède à un premier examen qui va donner lieu à un jugement. Il s'agit de savoir si les faits allégués rentrent dans la catégorie de ceux qui donnent ouverture au divorce, s'ils sont, pour employer les termes consacrés *pertinents* et *admissibles* ; c'est-à-dire si en les supposant prouvés ils donneraient à celui qui les invoque le gain du procès. Les parties et leurs conseils font réciproquement leurs observations, le ministère public donne ses conclusions et le tribunal décide limitativement ceux de ces faits qui seront soumis à l'enquête.

Ce jugement qui préjuge le fond est en premier ressort et susceptible d'appel ; mais il est exécutoire par provision en ce qui concerne la partie relative à la garde des enfants et à la provision pécuniaire.

L'enquête avait lieu devant le tribunal tout entier, mais depuis la loi de 1886, elle se fait devant un juge commis au jour indiqué par l'ordonnance de ce dernier ou par le tribunal.

Cette enquête peut être poursuivie à la requête de la partie la plus diligente, à cet effet elle devra faire signifier le jugement qui la permet et l'ordonnance qui en fixe l'ouverture s'il y a lieu ; elle notifie ensuite par huissier les noms et l'adresse des témoins qu'elle veut faire entendre. Ces derniers sont cités pour le jour déterminé, il leur est dans cet acte donné copie du jugement d'enquête.

Lorsque toutes ces formalités ont été accomplies, l'enquête a lieu ; les dépositions sont reçues par le juge et écrites sous sa dictée par le greffier. Les parties et leurs conseils peuvent faire aux témoins telles interpellations ou questions qu'ils désirent, sans toutefois avoir le droit d'interruption ; de tout quoi, il est tenu note dans le procès-verbal. Si l'un des plaideurs croit devoir reprocher un témoin, il en est fait mention et le juge procède à son audition, car il n'est pas compétent pour apprécier le reproche, c'est au tribunal qu'il appartient d'en connaître et s'il est admis, la déposition sera considérée comme nulle, non avenue et il n'en sera pas donné lecture.

Les causes principales de reproche sont : la parenté, la domesticité et le fait d'avoir bu ou mangé avec l'autre partie, etc., en matière de divorce, les domestiques et les parents à l'exception des descendants peuvent être témoins. La raison de cette exception, est que les faits à établir se passent dans l'intérieur du ménage et que leur preuve serait souvent impossible sans elle.

L'enquête et la contre-enquête terminées, si pour des motifs que le tribunal aura à apprécier, l'une des parties prétend qu'elle n'a pu faire entendre tous ses témoins demande une prorogation, elle pourra lui être accordée.

En dehors de ce cas, la partie la plus diligente fait signifier le procès-verbal d'enquête et poursuit l'audience et c'est alors qu'intervient le jugement définitif. Les juges n'ont plus à examiner qu'un point, à savoir : si la preuve promise a été faite, ils entendent les rapports de l'un d'eux commis pour instruire l'affaire, les plaidoiries, les observations personnelles des plaideurs et les conclusions du ministère publics ; après quoi la demande est admise ou repoussée.

Si elle est admise, le demandeur est autorisé à faire inscrire le divorce sur les registres de l'Etat-civil dans les délais prescrits. Cependant dans le cas spécial où le divorce est demandé pour sévices et injures graves, les tribunaux malgré l'admission de la preuve, peuvent, en autorisant la femme à vivre séparément et après avoir assuré l'existence des époux par l'allocation de pensions alimentaires, prononcer le divorce ; mais déclarer qu'il ne deviendra définitif qu'après six mois, depuis la loi de 1886. Cette restriction a été inspirée au législateur par cette considération que, dans cette espèce, le fossé n'est pas encore assez profond pour que la réconciliation soit considérée comme impossible, il a voulu donner à l'irritation le temps de se calmer et à la réflexion de se faire jour. Mais si dans le délai fixé un rapprochement n'est pas intervenu, le demandeur fait citer par la voie ordinaire son conjoint, et cette fois le tribunal ne peut que faire droit à ses conclusions.

Dans le cas où le divorce est réclamé pour cause d'adultère, la procédure sera bien simplifiée. Les préliminaires de conciliation une fois épuisés, le demandeur produira la preuve écrite, le procès-verbal contenant l'aveu du délit ou le constatant et sans autre enquête, puisque la preuve est faite d'une façon indéniable, le tribunal rendra un jugement définitif.

Elle sera encore bien plus rapide en cas de condamnation, les seules formalités consisteront dans le constat de l'existence de cette condamnation, à cet effet le demandeur produira une expédition de l'arrêt définitif, certifiée conforme par le greffier et visée par le Procureur général sans préliminaire de concilialion.

Les jugements de divorce sont susceptibles de toutes les voies de recours ordinaires ; ce n'était pas en effet en une matière aussi délicate et aussi importante, qu'il fallait diminuer les degrés de juridiction. Le Code civil avait méconnu ces principes pour ce qui est de l'opposition ; elle avait décidé qu'il n'y avait pas de jugement par défaut, malgré la défaillance du défendeur.

La Loi de 1886 est revenue au droit commun, elle a même prescrit des mesures exceptionnelles.

Tout d'abord, le jugement susceptible d'opposition est signifié au défendeur par un huissier commis. S'il rencontre la personne et remet à elle-même l'exploit, on rentre dans les règles ordinaires ; mais s'il ne la trouve pas et que copie soit laissée à un domestique, au maire ou au parquet, le jugement doit être publié dans l'un des journaux désignés par le Préfet pour y insérer les annonces légales et ce n'est que dans le délai de huit mois après cette publication que le jugement est considéré comme contradictoire et inattaquable par la voie de l'opposition. Ce que nous venons de dire s'applique à l'arrêt de la Cour.

Ces mêmes jugements sont susceptibles d'appel et de pourvoi en cassation. Le point de départ pour l'appel est la signification de la décision de première instance ou l'expiration du délai de huit mois pour celles qui sont par défaut ; il est recevable pendant 60 jours. Il en est de même du pourvoi.

Nous arrivons ainsi à la cinquième et dernière phase dela procédure : l'inscription du jugement de divorce sur les registres de l'Etat-civil. Nous avons déjà fait remarquer en son temps que jusqu'à l'accomplisssement de cette formalité le mariage subsistait toujours et que la mort de l'un des conjoints survenue dans l'intervalle rendait sans effet le jugement définitif qui restait lettre morte. Disons pour ne plus revenir sur ce point, que faute de se conformer aux formalités qui vont suivre, le demandeur est déchu du bénéfice du divorce.

Avant la Loi du 20 avril 1886, l'on obligeait l'impétrant à se présenter en personne devant l'officier de l'Etat-civil après y avoir convoqué son conjoint, là il était dressé procès-verbal de cette comparution ; elle devait avoir lieu au domicile du mari. Par suite des modifications nouvelles, le demandeur ou à son défaut, l'autre partie devra signifier à l'officier de l'Etat-civil qui a reçu le mariage, le jugement définitif, suivant le cas, la mention des publications exigées pour les décisions par défaut, un certificat du greffier constatant qu'il n'y a pas eu d'appel.

Cette signification doit être faite à peine de nullité dans les deux mois qui suivent le jour où le jugement est devenu définitif et dans les cinq jours qui suivent, ce jugement est inscrit sur les registres et mention en est faite en marge de l'acte de mariage des divorces.

L'omission de ces dernières formalités qui sont à la charge du maire ou de son délégué, n'entraînent pas la nullité ; mais une amende contre ce dernier.

Tous les jugements du divorce doivent être publiés dans un des journaux ci-dessus spécifiés, affichés au tribunal civil et de commerce, à la mairie, dans un cadre à ce destiné. La sanction de l'inobservation de cette mesure, n'est pas la nullité ; mais le divorce ne sera pas opposable au point de vue pécuniaire aux tiers qui auraient intérêt à l'invoquer.

Enfin, d'après la Loi de 1886, dispose que toutes les décisions qui se rapportent au divorce ne sont pas susceptibles d'acquiescement, ce qui revient à dire que par leur seule volonté, les époux ne peuvent renoncer ni à l'appel, ni à l'opposition, ni au pourvoi en cassation.

VI

Des effets du Divorce

Le chapitre premier a édifié le lecteur sur les effets de la séparation de corps, sans qu'il soit besoin d'y revenir. Tous autres sont les résultats du divorce, il annule le mariage et le dissout procédant à cet égard comme la mort à peu de chose près

Les effets du divorce doivent être envisagés au point de vue de la personne des enfants et des biens.

En ce qui concerne la personne, du jour où le divorce est devenu définitif et inscrit sur les registres de l'Etat civil, chacun reprend sa liberté pleine et entière, dès lors plus de devoir de fidélité plus d'aide et d'assistance et liberté pour chacun de se remarier.

La première conséquence du divorce est le droit pour le mari d'empêcher la femme de porter son nom. Cette question qui paraît très-simple entraîne cependant dans la pratique d'assez grandes difficultés, lorsque cette dernière appartient au monde commercial ou artistique et qu'elle se sera créé une certaine notoriété sous l'appellation maritale. Elle peut être exposée ainsi à perdre tout le bénéfice d'une situation acquise en reprenant son nom de jeune fille. Les juges doivent dans ce cas prendre en considération les justes susceptibilités du mari et l'intérêt de la femme et elle pourra être autorisée à se servir de telle indication qui sera de nature à sauvegarder les droits de chacun.

Nous avons dit que les ex-conjoints pouvaient se remarier; mais ce droit n'existe pour la femme que dans les dix mois qui suivent, le législateur n'a pas voulu qu'il y eût ce que l'on appelle les confusions du sang ou pour être mieux compris doute sur la paternité des enfants, c'est du reste ce qui se passe pour la viduité :

A ce propos, il est utile que l'on sache, qu'en vertu d'une présomption légale les plus courtes gestations sont de 180 jours et les plus longues de 300 ; sans qu'il soit possible aux intéressés d'en combattre les effets par des circonstances de fait. Ainsi, l'enfant né 180 jours après la célébration du mariage comme celui qui né 300 jours avant sa dissolution sont légitimes sans que ni le mari, ni les héritiers de ce dernier puissent lui contester cette qualité. Cette règle souffre deux exceptions l'une que nous avons examinée sous la rubrique séparation de corps, l'autre dans notre espèce. On sait que dès le début de l'instance la femme demanderesse a été autorisée à avoir un domicile séparé, l'enfant qui serait né depuis cette époque et 300 jours après peut être désavoué; si le mari garde le silence il reste légitimé, il le serait également et l'action en désaveu rejetée si la mère établissait qu'il y a eu rapprochement avec le demandeur. Il en serait tout autrement pour l'enfant qui viendrait à naître après le divorce et dans les 300 jours qui suivent, celui-là est de plein droit un enfant naturel.

Il est encore une observation fort importante qui se rapporte à ce sujet, nous voulons parler de l'hypothèse où il y aurait eu adultère ou rapt de la mère à une époque qui remonte à la conception de l'enfant. Par une disposition spéciale dont on comprend sans peine le motif, le mari peut contester la légitimité, qu'il soit ou non en instance de divorce.

De l'ancienne union, il ne restera pas que le souvenir, elle produit certains effets à divers points de vue.

Ainsi, le mariage reste à tout jamais prohibé entre les époux divorcés et leurs alliés ascendants (beau-père ou belle-mère) alors même qu'aucun enfant né du mariage n'aurait survécu. Bien des auteurs dramatiques ou plutôt comiques en quête des sujets joyeux et plaisants ont mis en scène un ex-gendre épousant son ex-belle-mère; mais ces mariages ne se produisent que devant des notaires ou des maires de comédie et ils ne vivent que l'espace de trois heures pour amuser la galerie. Pour les mêmes raisons de convenance les anciens beaux-frères et belles-sœurs ne peuvent convoler en justes noces sans y être autorisés au préalable par une décision gracieuse du chef de l'Etat.

De nombreux députés et sénateurs lors du vote de la dernière loi voulaient que les divorcés ne pussent contracter entr'eux une nouvelle union; c'était, disait-on, exposer les époux à demander la rupture du lien matrimonial pour des futilités; faire jouer aux magistrats un rôle tout préparé dans la comédie imaginée par l'un des époux, qui ne voyait dans son action rien de grave et de sérieux; mais la conclusion d'une de ces querelles futiles de ménage si multiples. Il n'était pas séant disaient-ils, après la solennité de l'audience, l'âpreté des plaidoiries et l'acrimonie des articulations de voir légalement remis ensemble ceux que la justice avait désunis. Ces hommmes graves si respectueux des décisions judiciaires avaient oublié d'une part que la procédure du divorce est longue, qu'elle donne à chacun le temps de la réflexion et qu'avant l'arrêt définitif, il n'y a pas d'irritation qui pût tenir devant de pareilles épreuves si elles n'étaient que les résultats d'un caprice, les feux de paille ne durent pas. Ils avaient oublié surtout que les arrêts de la justice ne sont pas exempts d'erreur. Si en droit, ils doivent être toujours tenus pour vrais, il n'en est pas de même en fait. L'un des époux vient d'apprendre que les apparences étaient trompeuses, que des rapports mensongers ont égaré sa bonne foi, la vérité lui apparaît, pourquoi l'empêcher s'il conserve un amour partagé, de revenir tendre la main à celui qui est toujours l'élu de son cœur.

Il a donc été admis que les ex-conjoints pourraient se remarier, mais la loi y a mis deux conditions.

Il faut d'abord qu'après leur divorce, il n'y ait pas eu mariage de l'un d'eux suivi d'un autre divorce et si l'union nouvelle se produit, elle sera régie quant aux biens conformément à l'ancienne.

Le droit de convoler avec tous autres sauf les exceptions que nous avons dites et celle que nous allons indiquer est entier. L'article 293 ne permet pas cependant à l'époux de se marier avec le complice de l'adultère qui a motivé le divorce; pour ne pas donner une prime à l'infidélité.

Enfin l'ancienne union a encore une conséquence importante; l'obligation alimentaire avec son caractère de réciprocité persiste avec les anciens alliés ascendants, toutefois dans le cas seulement où il survit des enfants du mariage. La loi n'a pas voulu que l'on puisse laisser dans la misère les grands parents de ses petits-enfants, qui constituent toujours un trait d'union entr'eux.

Arrivons maintenant aux effets du divorce vis-à-vis des enfants. L'existence de ces derniers était le grand argument invoqué par les adversaires du divorce. Eux étaient innocents des fautes de leurs père et mère et cependant ils allaient en subir toutes les conséquences. Leur cœur déjà atteint par les divisions intestines dont ils avaient été les témoins, par le scandale des débats publics qui a rejailli sur eux et sali leur nom, va se trouver brisé par un jugement brutal et péremptoire. Ceux qu'ils aiment de toute la force de leur âme, que la loi et la nature leur ont donné pour protecteurs et dans lesquels ils ne peuvent trouver un coupable, vont être brouillés à tout jamais et séparés par la haine et par la loi.

A quelque point de vue que l'on se place, ils sont victimes, punis sans être coupables. Triste va être la situation qui leur est faite. S'ils sont arrivés à leur majorité ils n'en ressentiront que plus vivement le contre-coup de la séparation, s'ils sont en état de minorité ils ne pourront voir leur père ou leur mère qu'à des intervalles déterminés réglés, par la justice et pour entendre le plus souvent des diatribes amères. Mais ce n'est pas le lieu de se livrer à des réflexions philosophiques qu'il a été bon de faire cependant pour déterminer les principes qui doivent servir de base aux juges pour leur appréciation.

Dans l'attribution de la garde des enfants, les tribunaux tiennent compte de l'intérêt de ces derniers et du degré de culpabilité des époux. Comme on le voit, et ainsi que nous l'avons déjà dit, nous ne pouvons poser aucune règle absolue et précise. Tantôt les enfants seront confiés à l'un ou l'autre des anciens conjoints, à la mère s'ils sont en bas-âge, au père s'ils sont en cours d'apprentissage chez lui ; tantôt aux grands parents de l'un ou de l'autre ; quelquefois il sera décidé que jusqu'à un certain âge ils habiteront avec l'un des divorcés pour revenir ensuite avec l'autre. Enfin, ils peuvent-être placés dans une maison d'éducation ou sous la surveillance d'un maître de pension.

Après avoir déterminé ce premier point, les tribunaux auront à en régler un second non moins important, la fixation du mode, du lieu et de l'époque des entrevues que celui qui est privé de la garde peut avoir avec ses enfants. Il n'est entré dans la pensée de personne de priver un père, si coupable soit-il, de la vue de son enfant ; à moins de déchéance de la puissance paternelle comme indigne.

Le législateur s'en est rapporté en cette matière à la sagesse des tribunaux dont l'appréciation est souveraine.

Pour terminer nos observations en ce qui concerne les enfants, nous ferons une simple observation. D'une part les enfants majeurs sont libres de leurs personnes et de leurs biens, et les présomptions qui précèdent ne leur sont pas applicables. D'autre part ; le droit de garde ne peut faire échec à toutes les autres prérogatives de la puissance paternelle. Il en résulte que le père conserve l'administration des biens de son enfant mineur, le droit de consentir à son mariage l'emportant sur le refus de la mère. C'est à lui aussi que revient l'usufruit légal des biens de l'enfant entraînant par voie de conséquence l'obligation de pourvoir à son entretien. Il en serait tout autrement si le père était déchu de la puissance paternelle, tous les droits qui y sont afférents reviendraient alors à la mère. Enfin, et c'est là la troisième observation ; ils sont tenus tous les deux de pourvoir dans la mesure de leur fortune à l'éducation et à l'alimentation des enfants, et ils conservent sur ses biens le droit de succession et réciproquement.

Il ne nous reste plus qu'à parler des effets du divorce

relativement aux biens des époux. On a vu que la séparation de corps entraînait de plein droit celle des biens; mais que la dotalité subsistait. Le divorce est plus radical, il brise à la fois l'union matrimoniale et le contrat de mariage réglant la situation pécuniaire des époux, de telle sorte que le patrimoine de la femme devient libre de toutes les entraves qui lui avait été imposées, et qu'il rentre dans le commerce de la façon la plus absolue.

La communauté légale ou réduite aux acquêts est dissoute, il n'y a plus qu'à procéder à la liquidation suivant les règles ordinaires pour déterminer les droits de chacun. En un mot et pour se résumer le divorce opère comme la mort, à une exception près, il fait cesser le droit de succession, à défaut d'autres parents, et cela pour toujours et sans aucune distinction.

Il advient très souvent que le contrat de mariage fait attribution au dernier survivant de tout le bénéfice de la communauté, ce que l'on appelle le gain de survie. L'article 1.518 du Code civil décide que l'époux qui a obtenu le divorce pourra seul l'exercer; mais seulement si la condition vient à se réaliser, il faudra donc attendre la mort de l'autre.

Une des conséquences pécuniaires du divorce est d'annuler toutes les libéralités faites au profit du conjoint contre lequel il a été prononcé. Au jour heureux de l'hyménée, le ciel est toujours bleu et l'on ne prévoit pas alors la tempête dans laquelle sombrera à tout jamais le mariage, et l'on se dépouille avec plaisir au profit de celui que l'on va épouser. Verra-t-on l'époux adultère et brutal conserver par devers lui les biens dont il fut gratifié autrefois et bénéficier ainsi de son inconduite pour vivre dans le luxe aux dépens d'un conjoint irréprochable dépouillé de son avoir et réduit à une simple pension ; la Loi ne l'a pas permis et toutes les donations par contrat de mariage sont révoquées lorsque le donataire a subi le divorce; mais celui qui en a bénéficié les conserve et pour lui, elles sont irrévocables. Il en est de même en matière de séparation de corps.

La révocabilité dont nous parlons ne s'applique qu'aux libéralités, qu'elles soient ou apparentes ou déguisées, faites sous la forme de donation ou ce qui arrive souvent sous la forme d'apport d'une somme qui n'a eu lieu que pour dissimuler une véritable disposition à titre gratuit.

Cette révocabilité ne saurait atteindre au contraire les stipulations matrimoniales proprement dites, alors même qu'elles seraient très avantageuses pour le coupable. Nous nous expliquons, un des effets de la communauté est de placer dans la société matrimoniale, toute la fortune mobilière des futurs conjoints, l'un a pu ainsi s'enrichir de tous les biens de l'autre qui n'y apportait rien. Ce n'est pas là une libéralité dans le sens où nous nous sommes placés, il en est de même lors même que les époux se seraient mariés sous le régime de la communauté uuiverselle de tous biens.

Nous n'avons rien dit des donations entre époux faites pendant le mariage, car celles-ci sont par leur essence essentiellement révocables et le prononcé du divorce est considéré comme une révocation tacite.

Enfin l'époux qui a obtenu le divorce, s'il se trouve actuellement dans le besoin, peut se faire allouer, la vie durant, une pension dont l'importance est calculée sur les revenus de l'autre, dont elle ne peut excéder le tiers et qui cesserait d'être exigible s'il survenait au bénéficiaire des ressources suffisantes.

VII

De la transformation de la séparation de corps en divorce.

La Loi de 1884 s'occupe des personnes qui se trouvaient en instance de séparation de corps au moment où elle a été promulguée, elle permet de modifier à leur gré leur demande originaire suivant les principes et les prescriptions de la nouvelle Loi ; mais ce n'est pas cette disposition transitoire qui fait l'objet de ce chapitre, où nous nous proposons d'étudier la transformation de l'état de séparation de corps en divorce après que l'expiration d'un délai de trois ans s'est écoulé depuis le jour où le jugement est devenu définitif conformément à l'art. 310 du Code civil.

Les jurisconsultes ont pensé que si des époux ont, pendant ce délai ds trois ans, continué à vivre séparément il fallait considérer leur rupture comme définitive sans esprit de retour et ne pas les condamner à une viduité qui est contraire à certaines natures et encourage les unions irrégulières.

Il semble de prime abord que les tribunaux ne devraient avoir, lorsque cette demande se produit, qu'une simple formalité à accomplir, que leur rôle devrait se borner à donner acte aux parties de l'existence du jugement de séparation de corps et en conséquence de leur désir, de prononcer le divorce.

Il n'en a pas toujours été ainsi et nombre de cours et tribunaux ont soutenu que leur devoir était non pas d'enregistrer la volonté des plaideurs ; mais de se livrer à un nouvel examen de l'affaire au fond et suivant leur appréciation de maintenir l'ancien état.

Cependant la jurisprudence fait une très grande différence, entre le cas où la demande émane du bénéficiaire de la séparation de corps, ou du défendeur à ce jugement contre qui elle a été prononcée.

Dans le prémier cas, il est généralement admis aujourd'hui que le juge saisi par l'époux demandeur en séparation qui a gagné son procès, ne peut lui refuser la substitution sollicité. En effet, autoriser les tribunaux à soumettre à un nouvel examen de fond des faits anciens et déjà appréciés, ce serait leur donner un droit de contrôle sur des décisions antérieures passées en force de chose jugée et leur permettre d'y contredire.

Vainement les partisans de cette thèse soutiennent que dans

bien des cas, alors surtout que la séparation de corps a été prononcée par défaut, il faut prévoir l'hypothèse où celui des conjoints contre lequel le jugement est intervenu, n'a pas présenté une défense énergique et sérieuse de nature à paralyser, s'il l'eût voulu la demande formulée contre lui ; ce qu'il n'eût pas manqué de faire s il avait pu craindre de se voir contraint, plus tard, au divorce en opposition avec ses convictions religieuses.

Ce sont là, en effet, des exceptions et au surplus le défendeur ne peut tirer argument de sa négligence, de sa complicité et de sa fraude, car ainsi que l'affirmaient nos anciens jurisconsultes : *nemo auditur turpitudinem suam alleguans*, personne n'est admis à invoquer sa propre fraude.

Dès lors toutes les fois que le bénéficiaire d'un jugement de séparation de corps viendra demander sa transformation en divorce, le tribunal saisi de cette question se trouvera dans l'obligation de déférer à sa requête sans autre examen que celui de l'existence du premier jugement et du délai de trois ans. La solution sera identique lorsque la séparation aura été prononcée contre l'un et contre l'autre.

La jurisprudence semble du reste se ranger à ce dernier avis et elle ne tardera pas à être fixée dans ce sens.

Mais qu'elle sera la situation faite à celui contre lequel la séparation aura été prononcée? Si la Loi lui donne le droit de provoquer la modification de l'art. 310, sera-t-il obligé à de nouveaux débats sur le fond?

C'est dans ce dernier sens que les tribunaux tranchent la question, contrairement à l'avis de beaucoup de bons esprits. Nous estimons, quant à nous, que dans tous les cas lorsque la séparation a été prononcée depuis plus de trois ans, le divorce peut lui être substitué à la requête de l'un des époux sans aucune distinction. Pour avoir été coupable l'un d'eux ne peut se voir privé à tout jamais des bénéfices du mariage et condamné à ne plus avoir de famille. Cette solution nous paraît morale, car elle permettra de régulariser des unions illégales.

Au surplus tout le monde est d'accord pour reconnaître qu'il a le droit de réclamer le divorce par voie principale, s'il peut invoquer à son profit des griefs nouveaux et postérieurs au jugement de séparation.

Au point de vue de la procédure la demande de transformation échappe aux règles que nous avons tracées, elle se forme par citation directe, sans aucun des préliminaires auxquels sont astreints spécialement les demandeurs en divorce.

VIII

Du Divorce et de la séparation de corps entre étrangers

Tout ce que nous venons de dire ne s'applique que lorque les parties en cause sont de nationalité française et sous peine d'être incomplets nous devons faire connaître les droits des étrangers en instance de divorce ou de séparation de corps devant les tribunaux français.

D'après les principes généraux de notre droit, nos juges, sauf des exceptions qu'il n'est pas utile de signaler, sont incompétents dans les litiges entre étrangers, et cette prohibition est encore plus stricte lorsqu'il s'agit de questions de capacité ou de statut personnel. Dès lors, toutes les fois que les conjoints ne sont pas français, les tribunaux devront se récuser, s'ils demandaient le divorce ou la séparation et les renvoyer se pourvoir devant la justice de leur pays. Ce ne sera pas toujours facile pour eux; car, il advient bien souvent qu'ils ont perdu leur nationalité propre sans acquérir la nôtre; mais c'est là leur affaire et notre Loi n'a pas à se préoccuper outre mesure de ces nomades fort peu intéressants.

Il en serait tout autrement, si les parties en cause avaient été autorisées par le chef de l'Etat à résider en France en vue d'obtenir leur naturalisation ; dans ce cas, elles jouissent provisoirement de tous les droits attachés à la qualité de citoyens français ; mais sauf cet amendement et en règle générale, les étrangers sont inhabiles à réclamer le divorce.

On s'est même demandé s'ils pourraient requérir l'intervention des magistrats pour faire constater le flagrant délit d'adultère et en poursuivre la répression devant nos tribunaux. La jurisprudence et la doctrine sont pour l'affirmative. Il est de principe, en effet, que pour la punition des délits et des crimes, ce n'est pas la qualité des prévenus, mais le lieu où ils ont été commis qui détermine la compétence de la juridiction.

Enfin, il peut arriver que l'un des conjoints est fançais et l'autre étranger ; l'espèce est sans doute assez rare, mais il suffit qu'elle puisse se présenter pour qu'il devienne nécessaire de l'examiner.

D'après notre droit la femme qui épouse un français acquiert *ipso facto* cette nationalité pour perdre la sienne. Si elle se marie avec un étranger elle devient elle même étrangère ; il semble donc que dans aucune hypothèse, aux termes de notre droit, il n'y aura différence de nationalité entre les conjoints. Cela peut arriver cependant, soit parce que l'un d'eux aura encouru les déchéances prévues par la Loi, et perdu sa qualité, l'autre conservant la sienne, soit aussi lorsque la législation étrangère, moins sage que la nôtre ne donne pas la nationalité du mari à la femme qu'il a épousée.

Quel sera alors relativement au divorce le droit des tribunaux français ? L'on estime qu'ils sont compétents sans distinction entre le demandeur et le défendeur. Cette solution nous paraît juste et juridique; décider le contraire c'eût été fermer la porte du divorce à cette catégorie de personnes et il est de principe que lorsque la Loi est obscure ou incomplète, elle doit être interprétée dans un sens libéral.

Mais, il est bien entendu que le divorce sera réglé pour son obtention et pour ses effets par la Loi française. C'est pour cela et par voie de conséquence que si la demande est formulée par l'époux étranger, l'adversaire pourra lui opposer dès le début du procès l'exception : *judicatum solvi...* Cette exception consiste dans le droit qu'a tout défendeur vis-à-vis d'un étranger d'exiger qu'il consigne avant tout débat la somme probable des frais de défense et même des dommages qui pourraient être réclamés pour procès téméraire.

Pour être admissible, elle doit être proposée *in limine litis* avant de plaider au fond, sous peine de forclusion. Le quantum du dépôt est fixé par le tribunal civil, l'affaire est ensuite suspendue et ne peut être reprise que sur la preuve du versement de la somme fixée à la caisse des dépôts et consignations.

De l'assistance judiciaire et des frais du divorce.

Les législateurs de la Révolution avaient érigé en principe la gratuité de la justice en supprimant les épices, c'est le nom que l'on donnait à la rétribution directe ou indirecte que chaque partie devait apporter aux juges. Depuis cette époque cette aumône déshonorante pour celui qui la recevait et onéreuse pour celui qui la fournissait est restée à tout jamais abolie. Dieu merci, notre magistrature est à juste titre considérée comme incorruptible, ses ennemis, même les plus acharnés, n'ont pu citer un cas de prévarication à sa charge.

Cependant la justice coûte cher encore ; car autour des tribunaux se trouvent les auxiliaires (huissiers, avoués et greffiers) et au-dessus d'eux le fisc qui fait argent par le timbre et l'enregistrement de toutes les pièces de procédure. C'est pour cela que la Loi n'a pas voulu que les malheureux ne puissent, faute d'argent, réclamer la protection de leur droit et dans ce but, elle a institué l'assistance judiciaire qui permet de plaider soit en demandant, soit en défendant devant toutes les juridictions sans bourse délier ; tous les officiers ministériels devant procéder gratuitement et n'ayant de recours pour le paiement de leurs actes que contre l'adversaire de l'assisté si le premier est condamné à tous les frais : le recouvrement en est fait par le receveur de l'enregistrement pour être réparti ensuite aux ayants-droit.

La première condition pour obtenir l'assistance judiciaire est l'impuissance pécuniaire dûment constatée de faire face aux frais du procès projeté, on l'établit par un certificat de non imposition délivré par le percepteur des contibutions directes et une déclaration d'indigence émanant du maire de la commune ou de l'arrondissement. La seconde condition est que la demande à introduire présente certains caractères de vraisemblance et de sérieux de nature à assurer son succès. Si l'on eût accordé l'assistance judiciaire à tout indigent sans procéder à l'examen sommaire de l'affaire et les yeux fermés, il en serait résulté des procès absurdes intentés à tort et à travers sans péril pour l'assisté mais dispendieux pour l'adversaire tenu de garder à sa charge les frais de défense.

L'examen de cette double question appartient au bureau de l'assistance judiciaire qui est établi près de chaque tribunal de première instance.

Les membres de ce bureau sont désignés par le procureur
général et comprend : le procureur de la République ou son
substitut, deux avocats ou avoués, le greffier du tribunal et
un représentant de l'administration des domaines.

Toutes les demandes à fin d'assistance judiciaire doivent
être adressées au procureur de la République, sur papier
libre, elles contiennent l'exposé de l'affaire, les raisons qui
militent en faveur de l'impétrant ; le nom et l'adresse de
l'adversaire, elles doivent être enfin accompagnées des certi-
ficats d'indigence et de non imposition. L'affaire est inscrite
sous sa date sur le rôle du bureau qui convoque ensuite et
par simple lettre les deux parties à comparaître devant lui à
jour fixe. Il délibère en dehors de la présence des parties et
accorde ou refuse l'assistance judiciaire d'une façon définitive
sans aucune voix de recours. Cette décision est notifiée aux
intéressés toujours par lettre et au cas où elle est favorable
il en est envoyé copie aux présidents de la Chambre des
avoués et des huissiers et au bâtonnier de l'ordre des avocats
qui devront, chacun dans leur sphère, prêter gratuitement
leur ministère à l'assisté.

Au cas de perte du procès par ce dernier ou si son adversaire fait appel, le bénéfice de l'assistance est conservé à
celui qui l'a obtenu devant cette nouvelle juridiction ; il y
aura seulement lieu de faire désigner un avoué d'appel et un
nouvel avocat si la cour ne siège pas dans le même lieu que
le tribunal de première instance.

A part cette exception, les plaideurs sont tenus de payer
leurs conseils qui dans la pratique et pour assurer leur
rémunération se font verser une provision avant d'entrer en
action. Nous avons pensé qu'il était inutile pour nos lecteurs
de donner, ici, le tarif détaillé des frais du divorce, parce que
ce tarif est très compliqué, très difficile à appliquer et qu'en
outre le coût des actes varie suivant leur longueur, le nombre
de rôles, qu'enfin divers actes ne sont nécessaires que dans
certains cas. Nous estimons qu'il suffisait de donner le prix
de chaque période de la procédure de façon à permettre aux
plaideurs en divorce de savoir à peu de chose près le montant
de ce qu'ils auront à payer. Il est bon d'observer, cependant,
que les frais de justice ne sont exigibles qu'après avoir été
taxés et liquidés. A cet effet un juge est commis pour
procéder à la taxe mais ses décisions ne sont pas définitives,
chacun des intéressés peut en appeler devant le tribunal tout
entier réuni en la chambre du conseil.

Nous avons déjà vu qu'il y avait dans la procédure du
divorce cinq périodes bien distinctes : 1° la période de la
conciliation ; 2° le jugement ordonnant l'enquête ; 3° l'enquête ;
4° le jugement définitif ; 5° les formalités de l'état civil.

Première période : Conciliation.

Deux ordonnances de référé et une citation . . . . .   60 fr.
. Assistance de l'avoué . . . .   10 fr.

Deuxième période : Jugement ordonnant l'enquête avec l'assistance de l'avoué.

Assignation. — Constitution de l'avoué. — Articulation de faits. — Jugement et signification du dit . . . .   130 fr.

Troisième période ; Enquête avec assistance de l'avoué.

Le coût en est déterminé par le nombre des témoins et leur éloignement. Prenons pour base les chiffres de dix témoins domiciliés au lieu de l'enquête pour nos appréciations approximatives des frais nous aurons citation à témoins et à partie, procès-verbal d'enquête, signification de l'enquête et assignation devant le tribunal. . . . .   100 fr

Quatrième période : Jugement définitif avec assistance de l'avoué et signification de ce jugement.

Publication . . . .   110 fr.

Cinquième période :

Signification à l'officier de l'état civil . . . .   12 fr.

Total. . .   422 fr.

Les frais d'appel peuvent être évalués dans les conditions ordinaires à cent cinquante francs ; quant à ceux de la Cour de cassation, ils sont relativement élevés et leur minimum est de huit cents francs.

Les honoraires des avocats échappent à toute taxe et quant à leur importance, il nous est impossible de la fixer car elle dépend de la réputation, du talent, de la ville et de la durée de l'affaire.

Notre tâche est finie, je ne sais si le but que nous nous étions proposé a été atteint, à nos lecteurs de juger. Est-ce à dire que nous avons voulu encourager le divorce ? Non. Sans doute il était du devoir du législateur d'ouvrir cette partie à ceux qui n'ont trouvé dans le mariage que tristesse, amertume et déception. La femme n'a pas été l'épouse chaste et dévouée, le mari un ami bon et ferme, il s'est armé des droits que lui donne le Code pour devenir un tyran, et au lieu du paradis de leurs rêves ils sont tombés dans l'enfer du ménage désuni par la haine et le mépris, la Loi ne pouvait les contraindre à y rester. Mais, si l'on veut nous en croire, il ne faut arriver à cette extrémité qu'après avoir épuisé tous les moyens de conciliation, non de cette conciliation légale dont nous avons parlé ; mais de celle qui vient du cœur.

Au mari violent et emporté que la femme oppose la douceur, un mot et un sourire empêcheraient souvent les querelles de naître ; à l'épouse légère et acariâtre que l'on donne de la distraction et que l'on fasse des observations amicales. Que les époux soient philosophes, qu'ils se rappellent surtout qu'en ce monde l'on ne vit que de concessions réciproques et que l'absolutisme est un mal.

Si des enfants sont nés du mariage, qu'ils soient le trait d'union entre le père et la mère ; et nous sommes persuadés que s'ils songent à eux et s'ils les aiment réellement, ils hésiteront à franchir le Rubicon du divorce.

FIN

LEVALLOIS. — IMP. SCHNEIDER, 12, RUE MARTINVAL.

9 782014 083835